終電ごはん

文・梅津 有希子
料理・高谷 亜由

幻冬舎

はじめに

わたしのまわりは、毎日のように終電帰りの人ばかりです。マスコミ、広告、IT、デザイナーetc……。こんな働き方に疑問も感じますが、仕方がない。現代人はとにかく忙しい。

わが家も、編集者の夫の帰宅が毎晩深夜なので、自分だけ先にごはんを食べます。いつも「食べるか食べないかわからない」というので、2人分は作りません。朝起きて手つかずのまま残っているのを見ると、「キーッ！」となってしまうからです（狭量なもので……）。夫が食べずに帰宅した際、起きていれば適当に1、2品作ります。本当は2回も洗い物をしたくないけれど、「温かいものでも食べて、疲れた心が少しでも

和むのならば」と思う自分もいる訳で。そんな思いから生まれたのが、『終電ごはん』です。

本書では、深夜の食事について終電族に聞き込みを重ね、現実的なメニューを考えました。全部を作るのは無理でも、どれかきっと、作れるものがあると思います。より手軽な、だしいらずのレシピもあります。

作る側だけではなく、疲れてヨレヨレで帰ってきた人も「これなら作れるかも」と思えて、洗い物が少なくて済むレシピにこだわりました。

少しでも多くの終電族のみなさんと奥さんが、この本で救われることを願ってやみません。

梅津有希子

CHAPTER 1 スープさえあれば

CHAPTER 2 うどんなら作れるかも

CHAPTER 3 スープ春雨なら太らない

CHAPTER 4 おとうふは免罪符

CHAPTER 5　シリコンスチーマーをフル活用

CHAPTER 6　困ったときの鍋だのみ

終電ごはん劇場

本書の決まり

1カップ=200ml

大さじ1=15ml

小さじ1=5ml

電子レンジは500Wでの加熱時間です。

ご使用の電子レンジのW数に合わせて、実際の加熱具合を見ながら、加熱して下さい。

CHAPTER 1

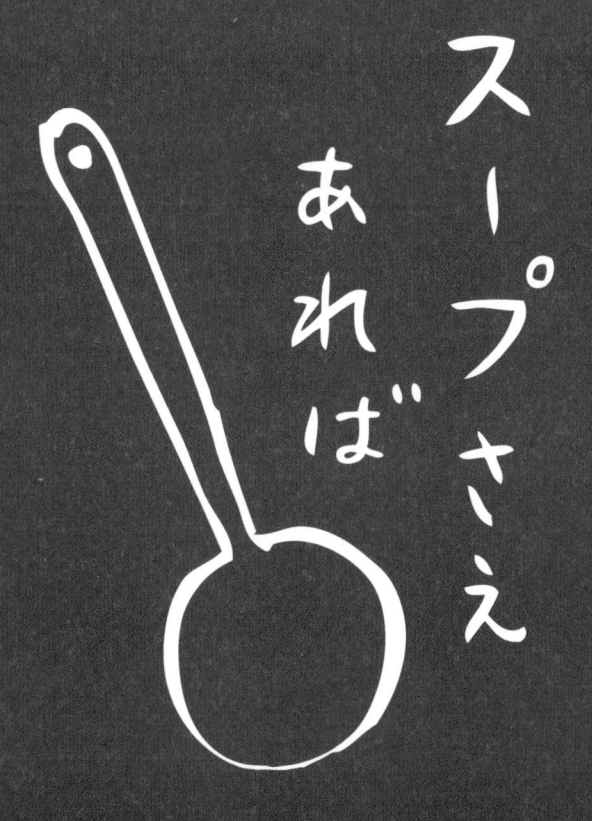

スープさえあれば

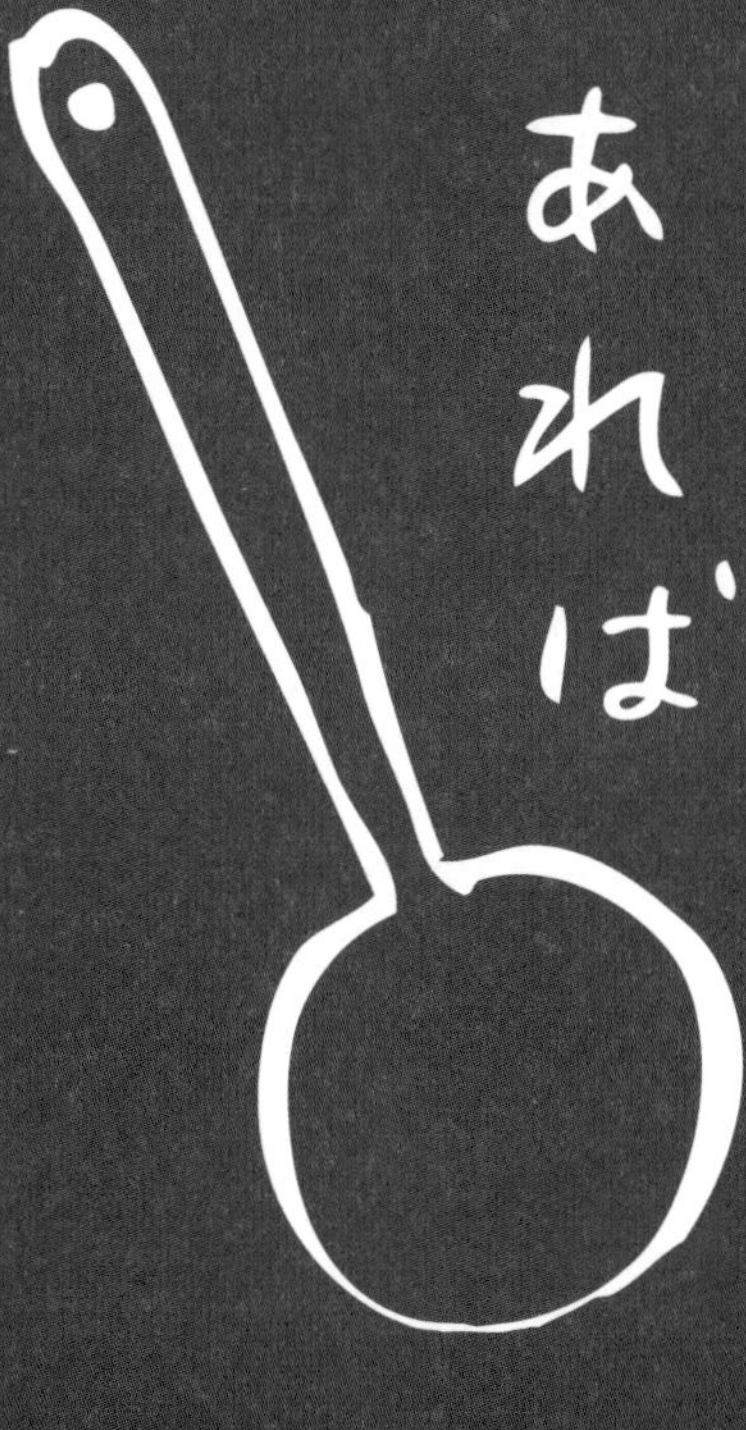

「終電ごはん劇場」スープ編

z
ガンッ
昼の
おにぎりも食べ
損ねたし、家で
食べるか…
zzz
1
2
そういえば
昨日のみそ汁が
残ってた!
ハッ!
3
温かい汁もの
ちょっとだけ
さえあれば
救われる…
フ~
カジッ

疲れて帰ってきて、温かい食べものがあるとほっとするもの。とりあえずスープさえあれば、あとはパンとサラダだけで十分。具だくさんのみそ汁があれば、納豆ごはんだけでも終電ごはんが成り立ちます。一度に多めに作り、冷蔵庫に入れておけば2、3日くらいなんてことありません。1日目は主食とともにいただき、翌日はスープの中にうどんやパスタを投入してもおいしいもの。春雨を入れるとスープ春雨になります。「スープは毎回まとめて作る」を心がければ、週に2回作る程度で済みそうです。

具だくさんみそ汁

ひき肉とちくわから出るコクで、だしいらずのおいしさ。七味唐辛子がアクセント。

材料／2～3杯分

豚ひき肉 … 80g

ちくわ（1cm幅の輪切り）… 2本

大根（皮ごといちょう形の薄切り）… 3cm

にんじん（皮ごと薄い輪切り）… 1/2本

小松菜（5cm幅のざく切り）… 2株

ごま油 … 大さじ1

水 … 2カップ

みそ … 大さじ2～3

七味唐辛子 … 適量

作り方

1 _ 鍋にごま油を熱し、豚ひき肉を炒めてほぐす。水を加えてひと煮立ちさせ、アクをすくってちくわ、大根、にんじんを加え、10分ほど弱火で煮る。

2 _ 野菜に火が通ったら小松菜を加え、みそを加えて味をととのえる。

3 _ 器に盛って七味唐辛子をふる。

キャベツとソーセージのみそバタースープ

フタをして蒸し煮にすることで、キャベツから出る水分もおいしいだしに。

材料／２～３杯分

キャベツ（一口大にちぎる）… 1/4 個

ソーセージ（斜めに数本切り込みを入れる）

…６本

コーン水煮缶 … 大さじ３

バター … 大さじ１

水 … ２カップ

和風だしの素 … 小さじ１

みそ … 大さじ１～２

作り方

1_鍋にキャベツをぎゅうぎゅうと入れ、ソーセージ、コーン、バターをのせる。

2_水、だしの素を加えて火にかけ、フツフツと煮立ってきたらフタをして弱火で7～8分煮る。

3_フタをはずして全体をざっくりと混ぜ、みそで味をととのえる。

◎蒸し中華麺を入れると、こっくりおいしい味噌ラーメンに。

ハーブ風味のトマトスープ

栄養たっぷりの赤いスープは、野菜不足のときにぴったり。スープパスタにしてもおいしい。

材料／２～３杯分

たまねぎ（横半分に切ってから薄切り）… 1/2 個

にんにく（粗いみじん切り）… １かけ

ミニトマト（半分に切る）… 10 個

パプリカ（一口大に切る）… 1/2 個

トマト水煮缶 … １缶

オリーブ油 … 大さじ１

水 … １カップ

固形コンソメ … １個

ドライオレガノ … 小さじ１

塩 … 適量

作り方

1 _ 鍋にオリーブ油を熱してたまねぎを炒め、しんなりしたらにんにく、ミニトマト、パプリカの順に加えてさらに炒める。

2 _ トマト水煮缶、水、固形コンソメ、オレガノを加えてひと煮立ちさせ、弱火にして5分ほど煮る。

3 _ 味をみて塩でととのえる。

◎翌日は、残ったスープにしょうゆを少し足すと、白いごはんにもぴったりの味わいに。

じゃがいもとミックス豆のカレースープ

失敗なく味を決めてくれるカレー粉は万能調味料。パンにもぴったりのコク旨スープ。

材料／２～３杯分

じゃがいも（一口大に切って水にさらし、
　水気をふく）…２個
長ねぎ（薄い輪切り）…1/2本
ミックスビーンズ…50g
固形コンソメ…１個
カレー粉…大さじ１
バター…大さじ１
塩、黒こしょう…各適量

作り方

*1*_鍋にじゃがいもと長ねぎを入れ、ひたひた程度の水（いもが水面にほんの少し出ている程度）を加える。

*2*_固形コンソメ、カレー粉を加えて火にかけ、煮立ったら弱火にしてさらに煮る。

*3*_いもがやわらかくなったらミックスビーンズとバターを加え、塩、黒こしょうで味をととのえる。

◎じゃがいもはラップに包んでレンジでチンすれば、さらに時間短縮に。

ブロッコリーとにんじんのインスタントクリームスープ

市販の粉末インスタントスープを調味料として使う、お手軽スープ。クリームやポタージュ系がおすすめ。

材料／２～３杯分

ブロッコリー（小房に分ける）… 1/2 株
にんじん（皮ごと 1cm 幅の輪切り）… 1/2 本
水 … 2 と 1/2 カップ
塩 … 少々
市販の粉末インスタントスープ … 2 袋
牛乳 … 1/4 カップ
塩、黒こしょう … 各適量

作り方

1＿鍋にブロッコリー、にんじん、水、塩を入れて火にかけ、煮立ったら弱火にし、フタをずらしてのせて煮る。

2＿野菜がやわらかくなったら粉末インスタントスープを加えて溶かし、牛乳を加え、味をみて足りなければ塩でととのえる。

3＿器に盛って黒こしょうをふる。

◎ゆでたマカロニを入れてもおいしい。

残り野菜とゆで卵のスープ

冷蔵庫整理に役立つスープ。具は残り野菜、ハム、ソーセージなどお好みで。卵入りで栄養バランスも◎。

材料／２～３杯分

ベーコン（2cm 幅に切る）… ２枚

にんじん（皮ごと薄い輪切り）… 1/3 本

キャベツ（一口大にちぎる）… １～２枚

小松菜（5cm 幅のざく切り）… １株

たまねぎ（薄切り）… 1/4 個

ゆで卵 … １個

サラダ油 … 少々

水 … ２カップ

固形コンソメ … １個

塩、黒こしょう … 各適量

作り方

1_鍋にサラダ油を熱してベーコンを炒め、野菜をすべて加えて炒め合わせ、水、固形コンソメを加える。

2_ひと煮立ちしたら弱火にし、5分ほど煮る。

3_ゆで卵を手でくずしながら加え、塩、黒こしょうで味をととのえる。

◎ゆで卵を作るのが面倒なら、卵を直接落とし入れてもOK。溶き卵でもおいしい。

白菜と油揚げのエスニックスープ

白菜からおいしい水分が出るので、水の量は少なめに。油揚げでコクをプラス。

材料／２～３杯分

白菜（横４等分に切る）… 1/4 個

油揚げ（細切り）… 小１枚

長ねぎ（斜め薄切り）… 1/2 本

水 … １カップ

鶏ガラスープの素 … 少々

ナンプラー … 小さじ１

黒こしょう … 適量

作り方

1 _ 鍋に白菜をぎゅうぎゅうに詰め、油揚げと長ねぎをのせる。

2 _ 水、鶏ガラスープの素、ナンプラーを加え、フタをして強火にかけ、湯気が上がってきたら弱火にして煮る。

3 _ 白菜がクタッとなったらできあがり。仕上げに黒こしょうをふる。

◎蒸し中華麺や米麺（フォー）を入れるのもおすすめ。

豆もやしとキムチの
ごま風味スープ

発酵食品のキムチとソーセージからいいエキスが出るので、だしいらず。

材料／２～３杯分

にんにく（薄切り）… １かけ

白菜キムチ … 80g

ソーセージ（２～３等分の斜め切り）… ４本

豆もやし … １袋

万能ねぎ（3cm 幅のざく切り）… 適量

ごま油 … 大さじ１

水 … ２カップ

しょうゆ … 小さじ２～３

塩 … 適量

白すりごま … 適量

作り方

1 _ 鍋にごま油を熱し、にんにく、キムチ、ソーセージの順に入れて炒め合わせる。

2 _ 1に水を加えて強火にし、煮立ったら火を弱めて2～3分煮る。

3 _ 豆もやし、万能ねぎを加えてサッと煮て、しょうゆと塩で味をととのえ、仕上げに白ごまをふる。

◎栄養たっぷりの豆もやしは、シャキシャキした食感を残して仕上げて。

◎インスタントラーメンを入れると韓国風。

あさりときのこのスープ

あさりは短時間でおいしいだしが出る、おすすめの食材。粉チーズでコクもアップ。

材料／２～３杯分

エリンギ（食べやすく薄切り）… ２本
生しいたけ（軸ごと４つ割り）… ２個
長ねぎ（2cm 幅のぶつ切り）… 1/2 本
砂抜きしたあさり（水洗いしてザルにあげる）
　… 20 粒
オリーブ油 … 大さじ１
水 … ２カップ
白ワイン（なければ酒）… 大さじ２
塩、黒こしょう … 各適量
粉チーズ … 適量

作り方

1＿鍋にオリーブ油を入れて熱し、エリンギ、しいたけ、長ねぎを加え、やや強火で表面にうっすら焼き色がつくくらいまで炒める。

2＿1にあさり、水、白ワインを加え、煮立ったらアクをすくって弱火にし、あさりの口が開くまで煮る。

3＿味をみて塩、黒こしょうでととのえる。食べる直前に粉チーズをふる。

◎あさりから塩分が出るので、塩の入れすぎに注意。
◎砂抜き済みのあさりを使うと簡単。

鶏肉と大根のこっくりスープ煮

やさしい味わいのおかずスープ。白いごはんとも相性抜群。

材料／２～３杯分

鶏もも肉（一口大に切る）… １枚
にんにく（薄切り）… １かけ
大根（皮ごと 2cm のいちょう形切り）
… 1/4 本
厚揚げ（お湯でざっと洗って水気をふき、一口大に切る）… 小１丁
万能ねぎ（小口切り）… 適量
ごま油 … 大さじ１
水 … ２カップ
しょうゆ … 適量
塩 … 適量

作り方

1_鍋にごま油を熱して鶏肉を炒め、色が変わってきたらにんにくを加えてざっと炒める。

2_1に水を加え、大根、厚揚げも加えて火を強め、煮立ったら弱火にして10分ほど煮込む。

3_味をみてしょうゆ、塩でととのえ、器に盛ってから万能ねぎをちらす。

CHAPTER 2

うどんなら作れるかも

［終電ごはん劇場］うどん編

1

2

ヨレヨレで帰ってくると、「麺類で簡単に済ませる」という人も多いはず。でも、そばやパスタはゆでる手間がかかり、洗い物の鍋も増えてしまいます。夜中に2つも鍋を洗うのはとても無理……。そこで便利なのが、冷凍うどんです。ゆでたてのうどんを急速冷凍してあるので、コシや風味もそのまま。自分で作るうどんはいつも同じ具や味つけになりがちですが、カレーうどんやすき焼き風、ごまダレなど、バリエーションはさまざま。すべて鍋やフライパン一つで完成するので、後片づけもラクラクです。

鶏南蛮うどん

鶏とねぎを香ばしく焼いてから、スープ＆麺を投入。フライパン一つで作れる煮込みうどん。

材料／１人分

冷凍うどん … １玉

鶏もも肉（一口大に切る）… 100g

長ねぎ（5cm 幅に切る、太ければ半割りに）
… 1/2 本

ごま油 … 大さじ１

水 … 1と1/2 カップ

しょうゆ … 小さじ１

塩 … 適量

七味唐辛子 … 適量

作り方

*1*_ フライパンにごま油を熱し、鶏肉と長ねぎを並べて強めの中火で焼く。

*2*_ 鶏肉とねぎの表面に焼き色がついたら水を注ぎ、冷凍うどんを加えてフタをして、弱火で5〜6分煮る。

*3*_ しょうゆ、塩で味をととのえ、器に盛って七味唐辛子をふる。

和風スープカレーうどん

うどんにもしっくりなじむ、だし風味のスープカレー。熱々を召し上がれ。

材料／１人分

冷凍うどん … １玉

たまねぎ（1cm 幅の薄切り）… 1/4 個

ちくわ（斜め薄切り）… ２本

万能ねぎ（3cm 幅のざく切り）… 適量

サラダ油 … 大さじ１

カレー粉 … 小さじ１と 1/2

めんつゆ（かけつゆの濃さに調整）

… １と 1/2 カップ

作り方

1 _ フライパンにサラダ油を熱し、たまねぎ、ちくわを中火で炒め、カレー粉を加えてなじませる。

2 _ 1にめんつゆを加えてひと煮立ちさせ、冷凍うどんを加えてフタをし、弱火で5〜6分煮る。

3 _ 仕上げに万能ねぎを加えてサッと煮る。

豚肉のすき焼き風うどん

汁だく風の甘辛うどんは、お肉を食べたい気分のときに。生卵をからめながらどうぞ。

材料／1人分

冷凍うどん … 1玉

豚こまぎれ肉 … 80g

長ねぎ（1cmの斜め薄切り）… 1/2本

生しいたけ（薄切り）… 1個

サラダ油 … 大さじ1

水 … 1/4カップ

〈調味料〉

しょうゆ … 大さじ1と1/2

砂糖 … 小さじ2

みりん … 大さじ1

卵 … 1個

黒こしょう … 適量

作り方

*1*_フライパンにサラダ油を熱し、豚肉、長ねぎ、しいたけを並べ入れて中火で焼く。

*2*_1に水、〈調味料〉を加え、具をまわりに寄せて冷凍うどんを加え、フタをして弱めの中火で6〜7分煮る。

*3*_うどんが煮えたら全体を混ぜ合わせ、器に盛って黒こしょうをふり、卵をのせる。

えびと青菜のとろみうどん

具を炒めずにささっと作れる、やさしいとろみのあんかけ風うどん。

材料／１人分

冷凍うどん …１玉

むきえび（さっと洗って水気をきる）…80g

青梗菜（斜めざく切り）…１株

しめじ（小房に分ける）…1/2パック

水 …１カップ

〈調味料〉

- 鶏ガラスープの素 … 小さじ1/2
- オイスターソース … 大さじ１
- しょうゆ … 小さじ１と1/2

作り方

1_フライパンに水、〈調味料〉を加えて強火にかける。

2_1が沸騰したら、えび、しめじ、冷凍うどんを加え、フタをして弱火で4〜5分煮る。

3_仕上げに青梗菜を加えてサッと煮、器に盛る。

◎冷凍うどんを直接加えることで自然にとろみがつき、片栗粉いらず。

◎好みで酢をかけても、さっぱりしておいしい。

カット野菜の焼きうどん

市販のカット野菜で作る時短メニュー。野菜はシャキシャキのほうがおいしいので、あとから加えて。

材料／１人分

冷凍うどん … １玉

市販のカット野菜 … 1/2 袋程度

水 … 1/4 カップ

〈 調味料 〉

ウスターソース … 大さじ 2

しょうゆ … 小さじ 1/2

豆板醬《トウバンジャン》 … 少々

かつおぶし … 適量

作り方

*1*_フライパンに水、〈調味料〉を加えて混ぜ合わせ、ひと煮立ちさせる。

*2*_1に冷凍うどんを加え、フタをして中火で5〜6分煮る。うどんがほぐれてきたらカット野菜を加える。

*3*_フタをとって水分をとばすように炒め合わせ、器に盛ってかつおぶしをのせる。

◎カット野菜は何でもOK。きのこ入りなどもあるので、好みに合わせて選んで。

明太マヨネーズうどん

混ぜ合わせておいたタレと和えるだけ。しっかりめの味で、ビールのおつまみにも最適。

材料／１人分

冷凍うどん … １玉

明太子（スプーンなどで中身を出す）… 1/2 腹

貝割れ菜（ざく切り）… 適量

マヨネーズ … 大さじ１

しょうゆ … 小さじ 1/2

黒こしょう … 適量

作り方

1 _ 大きめのボウルに明太子、マヨネーズ、しょうゆを入れてよく混ぜておく。

2 _ 冷凍うどんを袋の表示時間どおりにゆで、しっかりと水気をきって1に加え、ざっくりと和える。

3 _ 器に盛り、貝割れ菜をのせて黒こしょうをふる。

えのきとトマトの
ごまダレうどん

トマトをたっぷり入れたさっぱり味のつけ麺。うどんとえのきを合わせると、食感にも変化が。

材料／１人分

冷凍うどん …１玉

えのきだけ（根元を落として半分に切る）
　… 小１パック

トマト（ざく切り）…１個

万能ねぎ（小口切り）… 適量

めんつゆ（かけつゆの濃さに調整）…１カップ

白すりごま … 大さじ１

作り方

*1*_冷凍うどんを袋の表示時間どおりにゆでる。途中でえのきだけも加えて一緒にゆで、ザルにあげて流水にさらしてから水気をよくきる。

*2*_めんつゆと白すりごまを混ぜ合わせ、トマトと万能ねぎを加える。

*3*_1を器に盛り、2のタレにつけながら食べる。

梅じそ冷やしきつね

夏にぴったりの、ほんのり酸っぱい梅風味のぶっかけうどん。みょうがはたっぷり使って。

材料／１人分

冷凍うどん …１玉

みょうが（縦半分に切って小口切り）…２個

大葉（手でちぎる）…５枚

梅干し（種をとって包丁でたたく）…大１個

油揚げ（1cm 幅の細切りにし、
　トースターなどでカリッと焼く）…1/2 枚

めんつゆ（かけつゆの濃さに調整）…1/2 カップ

作り方

1 _ 冷凍うどんを袋の表示時間どおりにゆで、ザルにあげて流水でもみ洗いし、水気をよくきる。

2 _ みょうが、梅干しを混ぜ合わせる。

3 _ 器に1のうどんを盛って油揚げ、2、大葉をのせ、めんつゆをまわしかける。

ネバネバ納豆うどん

体によさそうなネバネバ食材に、しば漬けのコリコリ食感がアクセント。

材料／１人分

冷凍うどん …１玉
納豆 …１パック
オクラ（ヘタを落とし、薄い輪切り）…２本
しば漬け（おおまかに刻む）… 大さじ２
めんつゆ（かけつゆの濃さに調整）… 大さじ５
白いりごま … 適量

作り方

1_ 冷凍うどんを袋の表示時間どおりにゆで、ザルにあげて流水でもみ洗いし、水気をよくきる。

2_ 納豆、オクラ、しば漬け、納豆に添付されているからしを混ぜ合わせる。

3_ 器に1のうどんを盛って2をのせ、めんつゆをかけて白ごまをちらし、よく混ぜながら食べる。

◎たくあんや高菜漬けで作ってもおいしい。

ツナサラダうどん

暑い日にうれしい、ヘルシーなサラダうどん。めんつゆにプラスするマヨネーズがポイント。

材料／１人分

冷凍うどん … 1玉

ベビーリーフ … 適量

ツナ缶（ザルにあげて缶汁をきる）… 1缶（80 g）

ミニトマト（4つ割り）… 3個

バターピーナッツ … 適量

めんつゆ（かけつゆの濃さに調整）… 1/2カップ

マヨネーズ … 適量

作り方

1_冷凍うどんを袋の表示時間どおりにゆで、ザルにあげて流水でもみ洗いし、水気をよくきる。

2_器にベビーリーフを盛り、1のうどん、ツナをのせ、ミニトマトとバターピーナッツをちらす。

3_めんつゆをまわしかけてマヨネーズを添え、全体を混ぜながら食べる。

◎中華麺で作ると、ラーメンサラダに。

CHAPTER 3

スープ春雨なら太らない

「終電ごはん劇場」春雨編

また急ぎの修正…
今日も終電か〜
コンビニで
買って帰ろ…
カチャ
カチャ
カチャ
1
太るし
スープ春雨と
サラダかな
2
春雨
簡単
じゃん!!!
ウォ〜〜〜
終電
ごはん
3

カップタイプのスープ春雨が、コンビニで売れています。低カロリーで満足度もあり、ランチや終電ごはんに利用している人も多いのでは？　春雨は「もどすのが面倒」と思われがちですが、スープの中に春雨を直接投入し、少し煮込むだけで、体にやさしい自家製スープ春雨がすぐに完成します。気になるカロリーは、100gあたり約345kcal。今回の使用量は1食あたり15～30gなので、春雨自体のカロリーはわずか50～100kcal程度。ダイエット中の終電ごはんにもぴったりです。スープ春雨のほか、チャプチェとサラダもありますよ。

胃にやさしいさっぱり味の鶏スープに、しょうがの風味をきかせたスープ春雨。体を温める効果も。

鶏ささみと卵の しょうがスープ春雨

材料／1人分

春雨 … 20g

鶏ささみ（細切り）… 2本

万能ねぎ（ざく切り）… 2本

しょうが（すりおろし）… 小さじ1

溶き卵 … 1個分

水 … 2カップ

〈調味料〉

| しょうゆ … 大さじ1
| 砂糖 … 小さじ1/4

塩、黒こしょう … 各適量

作り方

*1*_鍋に水、〈調味料〉を入れて煮立て、鶏ささみを加えて中火で煮る。

*2*_春雨を加えて混ぜながら1～2分煮、万能ねぎ、しょうがを加え、味をみて足りなければ塩でととのえる。

*3*_卵を加え、ひと混ぜして火を通し、器に盛って黒こしょうをふる。

◎しょうがはチューブタイプで代用すると、すりおろす手間いらず。

キムチとツナの
チゲ風春雨

ストックしやすい食材で作る、ピリ辛スープ春雨。野菜は冷蔵庫にあるものでＯＫ。

材料／１人分

春雨 … 20g

白菜キムチ（おおまかに刻む）… 80g

ツナ缶（ザルにあげて缶汁をきる）… １缶（80g）

青梗菜（斜めざく切り）… １株

ごま油 … 大さじ１

水 … ２カップ

〈 調味料 〉

しょうゆ … 小さじ２

砂糖 … 小さじ１

コチュジャン … 小さじ１

にんにく（すりおろし）… 小さじ１

塩 … 適量

作り方

1 _ 鍋にごま油を熱してキムチ、ツナを中火で炒め、水、〈調味料〉を加えてひと煮立ちさせる。

2 _ 春雨を加えて混ぜながら煮る。春雨がやわらかくなったら青梗菜を加えてサッと煮る。

3 _ 味をみて足りなければ塩でととのえ、器に盛る。

サンラータン春雨

暑い季節や体が疲れたときにもおいしく食べられる、酸っぱ辛いスープ春雨。

材料／１人分

春雨 … 15g

豚ひき肉 … 50g

生しいたけ（薄切り）… ２個

もめん豆腐 … 1/3 丁（80g）

ごま油 … 大さじ１

溶き卵 … １個分

水 … ２カップ

〈 調味料 〉

しょうゆ … 小さじ１

塩 … 小さじ 1/2

黒こしょう … 小さじ 1/4

酢 … 大さじ１

作り方

1＿鍋にごま油を熱して豚ひき肉を炒め、ポロポロにほぐれてきたら水、〈調味料〉を加える。

2＿煮立ったらざっとアクをすくい、春雨としいたけを加え、豆腐をスプーンで一口大にすくって加える。

3＿卵を加え、ひと混ぜして火を通し、酢を加えて仕上げる。

白菜とハムの
豆乳スープ春雨

やさしい味わいにホッとする、クリーミーなスープ春雨。

材料／１人分

春雨 … 20g

白菜（一口大のざく切り）… １枚

ロースハム（半分に切って細切り）… ２枚

豆乳（成分無調整）… １カップ

水 … １カップ

〈 調味料 〉

- 鶏ガラスープの素 … 小さじ１
- しょうゆ … 大さじ１
- 塩 … 小さじ 1/2

黒こしょう … 適量

作り方

1 _ 鍋に豆乳、水、〈調味料〉を入れて火にかける。

2 _ 鍋のふちからフツフツしてきたら春雨、白菜、ハムを加え、煮立たせないように気をつけながら弱火で煮る。

3 _ 白菜がクタッとし、春雨がやわらかく煮えたら、器に盛って黒こしょうをふる。

◎ダマになるので、豆乳は沸騰させないよう注意。

もやしたっぷり鶏春雨

鶏ささみともやしのあっさりスープ春雨。ナンプラーと柚子こしょうで香りをプラス。

材料／１人分

春雨 … 20g
鶏ささみ（細切り）… ２本分
もやし … 1/2 袋
水 … ２カップ
鶏ガラスープの素 … 小さじ 1/2
ナンプラー … 大さじ１
塩 … 適量
大葉（ちぎる）… 適量
柚子こしょう … 適宜

作り方

1 _ 鍋に水、鶏ガラスープの素、ナンプラーを入れて火にかけ、煮立ったら鶏ささみを加えて煮る。

2 _ ささみに火が通ったら春雨、もやしを加え、春雨がやわらかくなったら味をみて、足りなければ塩でととのえる。

3 _ 器に盛って大葉をちらし、好みで柚子こしょうを加えて食べる。

豆腐ともずくのスープ春雨

ヘルシーな食材を組み合わせたスープ春雨。酢でさわやかに仕上げて。

材料／１人分

春雨 … 20g

もずく（味つけされていないもの、水気をきって ハサミで食べやすく切る）… １パック

絹ごし豆腐 … 1/3 丁

長ねぎ（小口切り）… 10cm

ごま油 … 大さじ１

水 … ２カップ

〈 調味料 〉

- 鶏ガラスープの素 … 小さじ１
- ナンプラー … 小さじ２
- 塩 … 少々

酢 … 小さじ１

黒こしょう … 適量

作り方

1 _ 鍋にごま油を熱して長ねぎを炒め、しんなりしたら水、〈調味料〉を加えて煮立たせる。

2 _ 春雨ともずくを加えて混ぜながら1～2分煮、豆腐をスプーンで一口大にすくって加える。

3 _ 仕上げに酢を加えて味をととのえ、器に盛って黒こしょうをふる。

◎ナンプラーをしょうゆに替えると、よりさっぱりした味わいに。

トマトカレー春雨

和洋折衷の組み合わせも、しょうゆとみりんでちょっと懐かしい味わいに。

材料／１人分

春雨 … 20g

豚こまぎれ肉 … 60g

トマト（ざく切り）… １個

たまねぎ（1cm 幅の薄切り）… 1/4 個

サラダ油 … 大さじ１

カレー粉 … 小さじ２

水 … ２カップ

〈 調味料 〉

- 和風だしの素 … 小さじ 1/2
- しょうゆ … 大さじ１と 1/2
- みりん … 大さじ１
- 砂糖 … 小さじ 1/2

万能ねぎ（小口切り）… 適量

作り方

1 _ 鍋にサラダ油を熱して豚肉を中火で炒め、色が変わってきたらトマト、たまねぎ、カレー粉を加えて炒め合わせる。

2 _ 水、〈調味料〉を加えて火を強め、煮立ったらざっとアクをすくって春雨を加え、混ぜながら煮る。

3 _ 春雨がやわらかく煮えたら器に盛り、万能ねぎをちらす。

手早くいいだしの出るあさりとシャキシャキのレタスで食べる、風味豊かなスープ春雨。

あさりとレタスのごまスープ春雨

材料／１人分

春雨 … 20g

砂抜きしたあさり（水洗いしてザルにあげる）… 10粒

レタス（ざく切り）… 1～2枚

水 … 1カップ

酒 … 大さじ2

塩 … 適量

白いりごま … 適量

作り方

1_ 鍋にあさり、水、酒を入れ、フタをして中火にかける。

2_ あさりの口が開いたらフタをとって春雨を加え、混ぜながらさらに1～2分煮、味をみて足りなければ塩でととのえる。

3_ 器にレタスを盛って熱々の2を注ぎ入れ、白ごまをちらす。

野菜たっぷりチャプチェ

春雨をもどしつつ味つけするから簡単。手軽に作れる韓国風春雨炒め。

材料／１人分

春雨 … 30g
生しいたけ（薄切り）… ２個
にんじん（細切り）… 1/6 本（40g）
たまねぎ（薄切り）… 1/4 個
ニラ（5cm 幅のざく切り）… 1/3 束
水 … 1/2 カップ
〈 調味料 〉
　しょうゆ … 大さじ１
　砂糖 … 大さじ 1/2
　コチュジャン … 小さじ 1/2
　ごま油 … 小さじ１
白いりごま … 適量

作り方

1＿フライパンに水、〈調味料〉を混ぜ合わせて火にかける。

2＿煮立ったらしいたけ、にんじん、たまねぎ、春雨を加えて弱めの中火にし、水気がなくなるまで混ぜながら煮る。

3＿ニラを加えてサッと混ぜ合わせ、器に盛って白ごまをふる。

キャベツとかにかまのサラダ春雨

コールスロー風のおかずサラダ。ごまマヨネーズでコクのある味わいに。

材料／１人分

春雨 … 15g

キャベツ（1cm 幅の細切り、
塩小さじ 1/2 でもむ）… 1/8 個

かに風味かまぼこ（ほぐす）… ３本

マヨネーズ … 大さじ 2

酢 … 小さじ 1/2

砂糖 … 小さじ 1/2

白すりごま … 小さじ 1

黒こしょう … 適量

作り方

1＿鍋に湯を沸かして春雨を加え、混ぜながら5分ほど煮、ザルにあげて流水にさらしてから水気をよくきる。

2＿ボウルにマヨネーズ、酢、砂糖、白ごまを混ぜ合わせておく。

3＿食べやすく切った1の春雨、キャベツ、かにかまを2に加えてよく和え、器に盛って黒こしょうをふる。

CHAPTER 4

おとうふは免罪符

「終電ごはん劇場」豆腐編

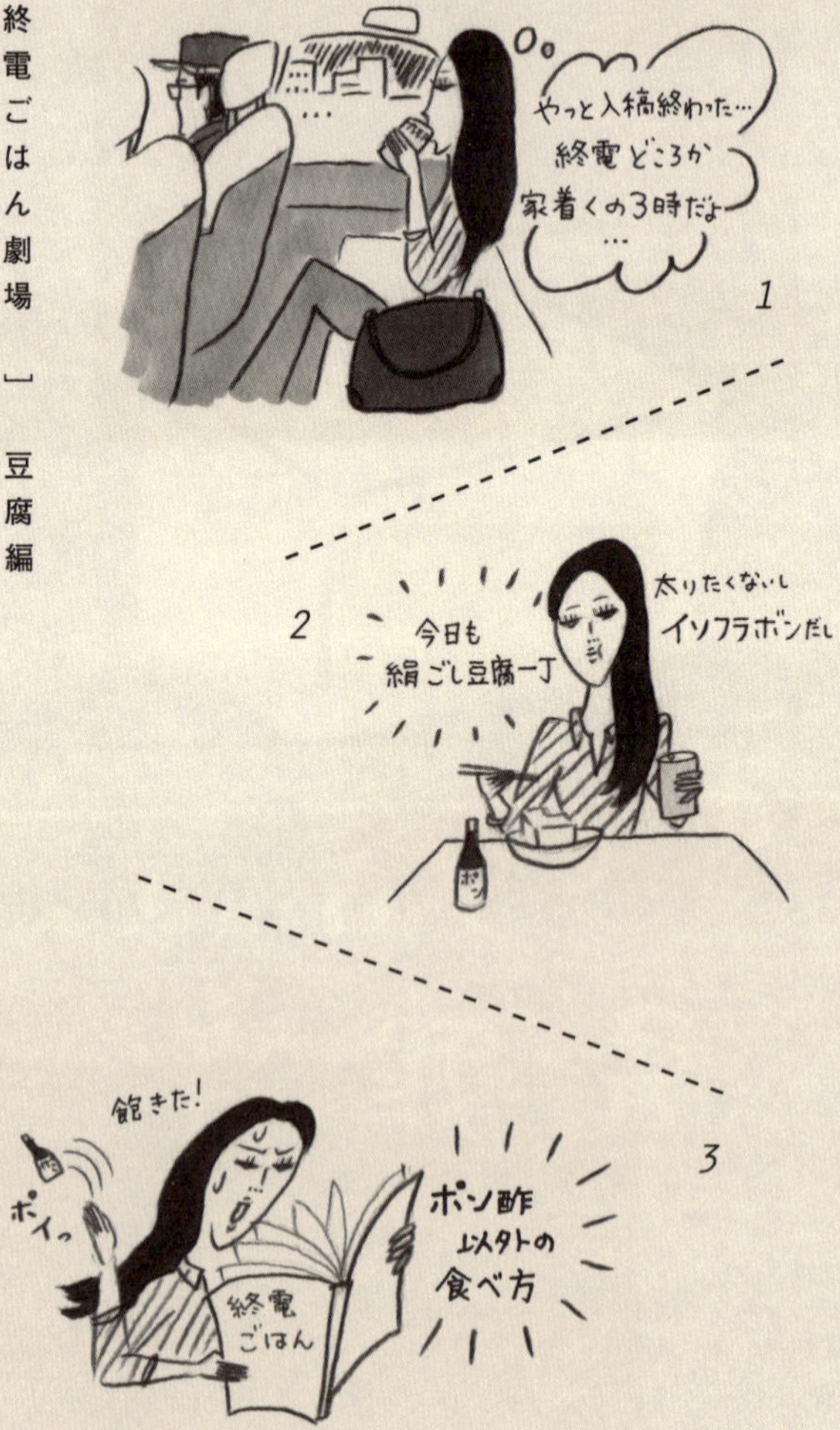

やっと入稿終わった…
終電どころか
家着くの3時だよ
…
1
2
今日も
絹ごし豆腐一丁
太りたくないし
イソフラボンだし
3
飽きた!
ポイっ
ポン酢以外の
食べ方
終電
ごはん

まわりの終電族に聞き込みを重ねた結果、「夜ごはんは、ポン酢をかけた豆腐1丁とビール」(これが現実……)という「冷ややっこオンリー」という人や、「豆腐は栄養もあるし、夜中でも罪悪感がないから、『これさえ食べておけば』という安心感がある」といった声がとても多かったのが印象的でした。たしかに、豆腐は体によくてヘルシー。変わりやっこや、野菜と組み合わせたレシピは、終電ごはんにぴったりです。「どうしてもごはんが食べたい!」という人は、「豆腐メシ」をぜひどうぞ。

キャベツキムチやっこ

豆腐が隠れるくらい、野菜をどっさりのせるのがポイント。

【変わりやっこ】

材料／１人分

もめん豆腐 … 小１丁

キャベツ（一口大にちぎる）… １～２枚

キムチ … 50g

砂糖、塩 … 各ひとつまみ

〈タレ〉

しょうゆ、オイスターソース、ごま油 … 各小さじ１

半熟ゆで卵 … １個

作り方

*1*_ボウルにキャベツ、キムチ、砂糖、塩を入れ、手でもんでしんなりさせる。

*2*_〈タレ〉の材料を混ぜ合わせておく。

*3*_器に食べやすく切った豆腐を盛って1をのせ、半熟ゆで卵を添えてタレをまわしかける。

◎白菜やもやしで作ってもおいしい。

アボカド納豆やっこ

【変わりやっこ】

体にも肌にもうれしい、栄養たっぷりの美肌やっこ。

材料／1人分

好みの豆腐 … 小1丁

アボカド（2cmの角切り）… 1/2個

納豆 … 1パック

柚子こしょう … 小さじ1/2

作り方

1 _ ボウルに納豆と添付のタレを混ぜ合わせ、アボカド、柚子こしょうを加えてざっくり混ぜる。

2 _ 器に食べやすく切った豆腐を盛り、1をのせる。

◎マヨネーズを加えると、こってり味に。

豆苗やっこ

たっぷりの豆苗を添え、シンプルに塩こしょうで。ごま油の風味が決め手。

【変わりやっこ】

材料／１人分

もめん豆腐 … 小１丁

豆苗（ざく切りにしてサッとゆでる）… １袋

塩、黒こしょう、ごま油 … 各適量

レモン … 適宜

作り方

*1*_ 豆腐をキッチンペーパーで包み、10分ほどおいて水切りをする。

*2*_ 1の豆腐をスプーンでおおまかにすくい、器に盛る。

*3*_ 2に豆苗をのせて塩、黒こしょう、ごま油をふり、好みでレモンをしぼって食べる。

◎豆苗はシリコンスチーマーでチンして水切りすると、さらに手軽。

トマトチーズやっこ

【変わりやっこ】

オリーブ油と豆腐は相性抜群。たまには洋風に冷ややっこを楽しんで。

材料／1人分

もめん豆腐 … 小1丁

クリームチーズ … 40g

ミニトマト（半分に切る）… 5個

〈調味料〉

| オリーブ油 … 小さじ1

| 塩、黒こしょう … 各少々

大葉（手でちぎる）… 適量

作り方

1 _ 豆腐をキッチンペーパーで包み、10分ほどおいて水切りをし、食べやすい大きさに切る。

2 _ ボウルに〈調味料〉を混ぜ合わせ、クリームチーズ、ミニトマトを加えてざっくり和える。

3 _ 1、2を器に盛って大葉をちらす。

梅ねぎナンプラーやっこ

いつものしょうゆをナンプラーに替えると、新しいおいしさ。梅干しとの相性もぴったり。

【変わりやっこ】

材料／1人分

好みの豆腐 … 小1丁

梅干し（種をとって包丁でたたく）… 大1個

長ねぎ（粗いみじん切り）… 5cm

万能ねぎ（小口切り）… 適量

白いりごま … 適量

〈タレ〉

｜ナンプラー、ごま油 … 各小さじ1/2

作り方

1 _ ボウルに梅干し、長ねぎ、万能ねぎ、〈タレ〉を混ぜ合わせる。

2 _ 器に食べやすく切った豆腐を盛って1をのせ、白ごまをちらす。

パプリカの
サラダ風白和え

【豆腐＋野菜】

生で食べられるパプリカを、くずした豆腐で和える気軽な白和え。サラダ感覚でどうぞ。

材料／１人分

もめん豆腐 … 1/2 丁

パプリカ（細切り）… 大 1/2 個

〈 調味料 〉

- 白すりごま … 大さじ 2
- しょうゆ … 小さじ 1
- 砂糖 … 小さじ 1/2

塩 … 適量

作り方

1 _ 豆腐をキッチンペーパーで包み、10分ほどおいて水切りをする。

2 _ ボウルに1の豆腐、〈調味料〉を入れ、フォークなどですりつぶすようによく混ぜ合わせ、味をみて塩でととのえる。

3 _ 2にパプリカを加えてざっくり和え、器に盛る。

温野菜と
豆腐クリームソース

【豆腐＋野菜】

なめらかでやさしい味わいの万能ソース。野菜の種類はお好みで。

材料／１人分

絹ごし豆腐 … 1/2 丁

〈調味料〉

| オリーブ油 … 大さじ 1
| 塩、黒こしょう … 各少々

レモン汁 … 1/2 個分

さやいんげん、にんじん
（ともに食べやすく切ってゆでる）… 各適量

作り方

*1*_豆腐をキッチンペーパーで包んでザルにのせ、皿などで重しをしてしっかりと水切りする。

*2*_1と〈調味料〉をボウルに入れ、フォークなどですりつぶすようになめらかに混ぜ合わせ、レモン汁を少しずつ加えて味をととのえる。

*3*_器にいんげんとにんじんを盛り、2をかける。

◎シリコンスチーマーで蒸し野菜にすると、さらに手軽。

豆腐と野菜の
エスニック炒め

【豆腐＋野菜】

豆腐とたっぷり野菜の炒めもの。淡白な豆腐にナンプラーのコクがプラスされ、ごはんのすすむ一品に。

材料／1人分

もめん豆腐 … 小1丁

にんにく（薄切り）… 1かけ

パプリカ（一口大の乱切り）… 1/4個

生しいたけ（薄切り）… 2個

オクラ（ヘタを落として斜め薄切り）… 5本

サラダ油 … 大さじ1

ナンプラー … 大さじ1弱

豆板醤《トウバンジヤン》 … 小さじ1/2

香菜《シャンツアイ》（ざく切り）… 適宜

作り方

1_豆腐をキッチンペーパーで包み、10分ほどおいて水切りをする。

2_フライパンにサラダ油を熱してにんにくを炒め、野菜としいたけを加えて炒め合わせ、火が通ったら豆腐をおおまかに手でちぎって加える。

3_ナンプラー、豆板醤を加えてざっと炒め合わせ、器に盛って好みで香菜をちらす。

豆腐のっけごはん

ひとりのごはんなら、こんなごはんも十分アリ。ザクザクと混ぜて豪快に食べよう。

【豆腐メシ】

材料／１人分

ごはん … 茶碗に１杯

もめん豆腐 … 1/2丁

ちりめんじゃこ … 大さじ２

白いりごま … 大さじ１

卵黄 … １個分

万能ねぎ（小口切り）… 適量

〈タレ〉

しょうゆ … 小さじ１

みりん … 小さじ1/2

作り方

1 _ フライパンにちりめんじゃこ、白ごまを入れて弱火にかけ、カリカリになるまで軽く炒る。

2 _ 〈タレ〉を混ぜ合わせておく。

3 _ 器にごはんを盛り、豆腐、1、卵黄をのせて万能ねぎをちらし、タレをまわしかける。

おぼろ豆腐雑炊

【豆腐メシ】

スープたっぷりのやさしい雑炊は、体調が悪い日にもおすすめ。黒こしょうをきかせて。

材料／１人分

ごはん … 茶碗に軽く１杯

おぼろ豆腐 … 小１パック（150g）

長ねぎ（小口切り）… 5cm

野沢菜漬け … 適量

水 … ２カップ

酒 … 大さじ１

鶏ガラスープの素 … 小さじ１

塩、黒こしょう … 各適量

ごま油 … 少々

作り方

1 _ 鍋に水、酒、鶏ガラスープの素を入れて火にかける。

2 _ 煮立ったらごはんを加えて2〜3分煮、おぼろ豆腐を加えてさらに1分ほど煮たら、塩、黒こしょうで味をととのえる。

3 _ 器に盛って長ねぎをちらし、野沢菜をのせてごま油をまわしかける。

CHAPTER 5

シリコンスチーマーをフル活用

「終電ごはん劇場」シリコンスチーマー編

すっかり定番になった調理器具といえば、シリコンスチーマー。具材を重ねてレンジでチンするだけでおいしい蒸し料理が完成するので、終電ごはんにこそ活用しない手はありません。ヘルシーに済ませたければ、数種類の野菜をチンして温野菜サラダに。それだけでは物足りなければ、肉や魚と野菜を一緒に調理。あとはスープとおにぎりかパンでも添えれば、立派な終電ごはんの完成です。旨みをしっかり閉じ込めた温かなスチームレシピは、おなかも心もきっと満足するはず。洗い物が少なくて済むのも、うれしい限り。

蒸し野菜の
オイスターマヨネーズ添え

野菜は何でもＯＫ。オイスターソースは、ほんのり味わえるくらいの少量で。

材料／１人分

かぼちゃ（一口大の薄切り）… 1/8 個

ブロッコリー（小房に分ける）… 1/2 株

塩 … 少々

〈 タレ 〉

オイスターソース、マヨネーズ各適量を混ぜ合わせる

作り方

1 _ かぼちゃをシリコンスチーマーに並べ、フタをしてレンジで2分加熱する。

2 _ ブロッコリーをのせて塩をふり、さらに様子をみながら5〜6分加熱する。

3 _ 器に盛って〈タレ〉を添える。

◎たくさんの種類の野菜をスチーマーで蒸せば、バーニャカウダ感覚。

根菜とベーコンのスパイス蒸し煮

蒸し煮にすることで、野菜の甘みがグッと引き立つ一皿。クミンの香りがさわやかなアクセントに。

材料／１人分

れんこん（皮ごと 1cm 幅の半月形に切る）… 100g

大根（皮ごと 5mm 幅の半月形に切る）… 3 〜 4cm（80g）

にんにく（薄切り）… １かけ

厚めのベーコン（3cm 幅に切る）… ２枚

バター … 大さじ１

クミンシード … 小さじ１

塩 … 少々

水 … 大さじ３

作り方

*1*_ シリコンスチーマーにれんこん、大根、にんにく、ベーコンの順に並べ入れる。

*2*_ バターをちぎってのせ、クミンシード、塩、水をふりかける。

*3*_ フタをしてレンジで4〜5分加熱し、できあがったら上下をよく返して混ぜ、味をなじませる。

◎ベーコンは薄いと焦げるので、厚めのものを選んで。

ズッキーニといんげん、油揚げの煮びたし

淡白なズッキーニは、和風味にも合わせやすい素材。おいしいスープごとどうぞ。

材料／１人分

ズッキーニ（5mm 幅の輪切り）… １本
さやいんげん（ヘタを落として２～３等分に切る）… ６本
油揚げ（長さを半分にして 3cm 幅に切る）… 1/2 枚
こんぶ（キッチンバサミで細切り）… 2cm 四方１枚

〈 調味料 〉

水 … 1/2 カップ
酒 … 小さじ１
しょうゆ … 小さじ 1/2
塩 … ふたつまみ

作り方

1 _ シリコンスチーマーにすべての具材を入れ、〈調味料〉を混ぜ合わせて加える。

2 _ フタをしてレンジで5分加熱し、できあがったら上下を返してよく混ぜて味をなじませる。

小松菜と豚肉の煮びたし

豚肉の旨みを生かした、煮物のようなあっさりおかず。

材料／１人分

小松菜（5cm 幅のざく切り）… ２株

豚こまぎれ肉（塩少々、薄力粉小さじ２をまぶす）

… 100g

〈 調味料 〉

水 … 大さじ２

酒 … 大さじ１

しょうゆ … 小さじ１

砂糖 … 少々

ごま油 … 小さじ２

作り方

1 _ シリコンスチーマーに小松菜を広げ入れ、混ぜ合わせた〈調味料〉をまわしかける。

2 _ 1の上に豚肉をドーナツ状に並べ、フタをしてレンジで4〜5分加熱する。

3 _ 豚肉に火が通ったのを確認し、できあがったら上下を返してよく混ぜて味をなじませる。

◎ほうれんそうや水菜でも作れる。しょうゆの代わりにナンプラーを使うとコクがアップ。

蒸し鶏のごま風味サラダ

電子レンジで手軽に作れる蒸し鶏。ポン酢しょうゆで食べてもおいしい。

材料／１人分

鶏もも肉 … 1/2 枚

〈 調味料 〉

水、酒 … 各大さじ１

塩 … 少々

しょうが（薄切り）… 適量

きゅうり（まだらに皮をむいて麺棒などで軽くたたき、一口大に手で割る）… １本

ミニトマト（半分に切る）… ３個

市販のごまドレッシング … 適量

作り方

1 _ シリコンスチーマーに鶏肉を入れて〈調味料〉をふり、フタをしてレンジで5分加熱する。

2 _ スチーマーをとり出し、フタをしたまま2～3分おいて粗熱をとる。

3 _ 野菜を器に盛り、食べやすく切った蒸し鶏をのせてドレッシングをかける。

じゃがいも、りんご、豚肉の重ね蒸し

豚とりんごは好相性。ワインにも合うので、ヘルシーなおつまみとしてもおすすめ。

材料／1人分

じゃがいも（3mm幅の薄切り）… 中1個

りんご（芯をとって皮ごと3mm幅の薄切り）… 1/2個

豚ロース薄切り肉 … 100g

バター … 大さじ1

〈 調味料 〉

しょうゆ … 小さじ1/2

粒マスタード … 少々

作り方

*1*_ シリコンスチーマーにじゃがいも、りんご、豚肉の各1/3量ずつを順番に重ね入れ、これをもう2回繰り返す。

*2*_ 1にバターをちぎってのせて〈調味料〉を混ぜ合わせて、フタをしてレンジで4～5分加熱する。

*3*_ できあがったら上下を返してざっくりと混ぜる。

◎りんごにレモン汁をふりかけておくと、色がきれいに仕上がる。
◎さつまいもでもおいしい。

あさりと切り干し大根のサッと蒸し

切り干し大根にあさりの旨みがしみ込んだ、あっさり味のおかず。

材料／１人分

砂抜きしたあさり（水洗いしてザルにあげる）
…200g

切り干し大根（たっぷりの水に
７〜８分漬けてもどす）…50g

ほうれんそう（5cm 幅のざく切り）…１株

〈調味料〉

- 酒…大さじ２
- しょうゆ…少々
- ごま油…大さじ１
- 黒こしょう…適量

作り方

1_シリコンスチーマーに切り干し大根を広げてほうれんそう、あさりをのせ、混ぜ合わせた〈調味料〉をまわしかける。

2_フタをしてレンジで6分加熱し、できあがったら上下を返してざっくりと混ぜる。

◎切り干し大根はスチーマーの中で調味料などの水分を吸うので、完全にもどさずに調理してOK。

タラと白菜の柚子こしょう風味蒸し

シリコンスチーマーは、蒸し魚もお手のもの。いろいろな魚と野菜でお試しを。

材料／１人分

白菜（一口大にちぎる）… １枚

しめじ（小房にばらす）… 1/2 袋

パプリカ（細切り）… 1/4 個

しょうが（細切り）… 適量

タラの切り身（２～３等分に切る）… 小２切れ

〈 調味料 〉

酒 … 大さじ１

塩 … 少々

ごま油 … 小さじ２

〈 タレ 〉

ポン酢しょうゆ、柚子こしょう各適量を
混ぜ合わせる

作り方

1 _ シリコンスチーマーに白菜、しめじ、パプリカ、しょうがの順に入れ、〈調味料〉をふりかけてタラをのせる。

2 _ フタをしてレンジで5～6分加熱し、できあがったら〈タレ〉をかけて食べる。

◎酒がなければ水でも可。

肉そぼろの
エスニック混ぜごはん

冷凍ごはんと具を一緒にチンする、簡単混ぜごはん。

材料／１人分

冷凍ごはん … 茶碗１杯分

〈 肉そぼろ 〉(全部混ぜておく)

- 豚ひき肉 … 50g
- 酒 … 小さじ１
- ナンプラー … 小さじ 1/2
- 砂糖 … ひとつまみ
- 黒こしょう … 少々

万能ねぎ (小口切り)、貝割れ菜 (刻む)
… 各適量

パターピーナッツ … 適量

作り方

*1*_ シリコンスチーマーに冷凍ごはんを入れて〈肉そぼろ〉をのせ、フタをせずに3分30秒〜4分加熱する。

*2*_ できあがったらざっくりと混ぜ、万能ねぎ、貝割れ菜、ピーナッツをちらし、さらに混ぜて食べる。

◎万能ねぎと貝割れ菜は、食感を残すためにあとから混ぜるのがポイント。

水菜とじゃこの梅ごはん

カリカリ梅の食感がおもしろい混ぜごはん。ごはんの余熱で水菜をしんなりさせます。

材料／１人分

冷凍ごはん … 茶碗１杯分

カリカリ梅（種をとって刻む）… 適量

ちりめんじゃこ（ごま油小さじ１を混ぜておく）

… 大さじ３

水菜（3cm 幅のざく切り）… １株

作り方

1_ シリコンスチーマーに冷凍ごはんを入れ、フタをしてレンジで2分30秒加熱する。

2_ フタをはずしてじゃこをのせ、フタをせずにさらに1分加熱する。

3_ できあがったら温かいうちにカリカリ梅、水菜を加え、ざっくりと混ぜる。

CHAPTER 6

困ったときの鍋だのみ

「終電ごはん劇場」鍋編

1
次の番組改編 どーしよ
あ ダンナから メール
こっちは 終電だな。 ごはん 食べた?
2
『まだ、じゃあ 待ってるから 一緒に食べよ』 っと返信
めんどうだから 鍋がいいワ
3
洗い物 よろしくー
お、おう
えーー めんどくせー!

具材を切って煮込むだけの鍋は、簡単で栄養も摂れるうえに、洗い物も少なくて済む、終電ごはんの救世主《メシア》。〆まで完結できるので、献立をあれこれ考える余裕がないときは鍋。困ったら鍋。まさに、鍋だのみ。この章では、ひとり暮らし向けの「具が2種類のシンプル鍋」と、2人以上向きの「話が弾む変わり鍋」を紹介。洋風やエスニック風など、自分ではなかなか思いつかない鍋にもチャレンジしてみると、未知の味わいに感動して、きっと元気が出るはず！温かい鍋料理で、明日への英気を養ってください。

豚バラ豆苗鍋

安くて栄養価の高い豆苗は、おすすめの鍋食材。火を通しすぎず、シャキシャキした食感を楽しんで。

【具が２種類のシンプル鍋】

材料／１人分

豚バラ薄切り肉（食べやすく切る）… 100g

豆苗（根を落とす）… １袋

水 … 1と1/2カップ

酒 … 1/2カップ

〈タレ〉

｜ごま油、柚子こしょう … 各適量

作り方

*1*_鍋に水と酒を入れて煮立て、豚肉を加える。

*2*_豆苗を加えてサッと火を通し、混ぜ合わせた〈タレ〉につけて食べる。

◎〆は中華麺がおすすめ。タレ少々を加えて味をととのえ、ゆでた中華麺を投入。豆苗を少し残しておいて刻み、上にのせても。

鶏と白菜のみそバター鍋

しっかり味のスープで食べる、タレいらずのコク旨鍋。

【具が２種類のシンプル鍋】

材料／１人分

鶏もも肉（一口大のぶつ切り）… 120g

白菜（芯は細切り、葉はざく切り）… 1/8 個

にんにく（みじん切り） … 1かけ

水 … 1と1/2 カップ

みりん … 大さじ２

みそ … 大さじ２〜３

バター … 大さじ１

作り方

1＿鍋に鶏肉、にんにく、水、みりんを入れて火にかけ、煮立ったらざっとアクをすくい、弱火で5〜6分煮る。

2＿1に白菜を入れてフタをし、さらに5分ほど煮る。

3＿白菜がクタッとしたらみそ、バターを溶き入れ、スープごと食べる。

◎残ったスープは、冷やごはんと溶き卵を加えておじやにするとおいしい。

鶏とキムチの豆乳鍋

豆乳&キムチの組み合わせが、ほかにはないコクと旨みを生み出す、ピリ辛まろやかな鍋。

【具が２種類のシンプル鍋】

材料／１人分

鶏もも肉（一口大のぶつ切り）… 120g

白菜キムチ（一口大に切る）… 150g

ごま油 … 大さじ１

水 … １カップ

豆乳 … １カップ

塩 … 適量

万能ねぎ（斜め薄切り）… 適量

作り方

1 _ 鍋にごま油を熱して鶏肉を炒め、キムチを加えてざっと炒め合わせる。

2 _ 1に水を加えてひと煮立ちさせ、豆乳、塩を加えて味をととのえる。

3 _ 仕上げに万能ねぎをちらし、スープごと食べる。

◎ダマになるので、豆乳は沸騰させないよう注意。

◎〆は冷やごはんを加えて雑炊に。白すりごまをトッピングするとさらに美味。

関西ではおなじみの、水菜が主役のシンプル鍋。油揚げはカリカリに焼くとおいしさアップ。

たっぷり水菜と油揚げの鍋

【具が２種類のシンプル鍋】

材料／１人分

水菜（5cm 幅のざく切り）… １株

油揚げ（トースターなどでカリッと焼いて細切り）… １枚

水 … ２カップ

酒 … 大さじ２

こんぶ … 5cm 四方１枚

ポン酢しょうゆ、七味唐辛子 … 各適量

作り方

1＿鍋に水、酒、こんぶを入れて10分ほどおき、火にかける。

2＿煮立ったらこんぶをとり出し、水菜と油揚げを加えてサッと煮る。

3＿器にとり分け、ポン酢しょうゆと七味唐辛子で食べる。

◎うどんであっさり〆るのがおすすめ。レモンをしぼるとよりさっぱり。

みぞれ豆腐

大根おろしと豆腐だけの、超シンプル鍋。外食が続いたあとに、しみじみとどうぞ。

【具が２種類のシンプル鍋】

材料／１人分

もめん豆腐（食べやすく切る）… 1/2 丁

大根（すりおろしてザルにあげる）… 150g

水 … 1 カップ

酒 … 1/4 カップ

ポン酢しょうゆ、かつおぶし、七味唐辛子
… 各適量

作り方

1 _ 鍋に水と酒を煮立て、豆腐、大根おろしを加えて煮る。

2 _ 器にとり分け、ポン酢しょうゆ、かつおぶし、七味唐辛子で食べる。

◎〆は、うどんを加えておろしうどんに。あれば刻んだねぎをトッピング。

豚肉のお酢しゃぶしゃぶ

ほんのり酸っぱい、暑い時期にもおすすめの鍋。酢は煮立てると酸味が丸くなって食べやすい。

【具が２種類のシンプル鍋】

材料／１人分

豚ロース薄切り肉 … 100g

長ねぎ（1cm 幅の斜め薄切り）… １本

水 … ２カップ

酒 … 大さじ２

酢 … 1/4 カップ

ごま油 … 小さじ１

市販のごまダレ … 適量

作り方

1 _ 鍋に水、酒、酢、ごま油を入れて煮立て、長ねぎを加えて煮る。

2 _ ねぎがやわらかく煮えたら、豚肉をしゃぶしゃぶの要領で煮、ごまダレにつけて食べる。

◎〆はさっぱりとうどんで。塩、こしょうで味をととのえて。

プデチゲ

【話が弾む変わり鍋】

パンチある味つけの韓国風鍋。ハムやスパムで作ってもおいしい。

材料／２人分

ソーセージ（切り込みを入れて半分に切る）

…６本

キャベツ（ざく切り）…1/4個

ニラ（ざく切り）…1/2束

水…３カップ

〈調味料〉

- コチュジャン…大さじ１と1/2
- しょうゆ…大さじ１
- 砂糖…小さじ２～３
- 粉唐辛子…適量
- にんにく（すりおろし）…小さじ１
- ごま油…小さじ２

作り方

*1*_鍋に水、〈調味料〉を入れて混ぜ合わせ、火にかける。

*2*_煮立ったらソーセージ、キャベツを加え、弱めの中火で5～6分煮る。

*3*_ニラを加えてサッと火を通し、スープごと器にとり分けて食べる。

◎砂糖の量はコチュジャンの甘さによって調整を。

◎〆はインスタントラーメンがおすすめ。直接投入してOK。

ギョウザ鍋

市販のギョウザがメインの変化球鍋。おつまみにもなるので、家呑みしたい日にどうぞ。

【話が弾む変わり鍋】

材料／２人分

市販の生ギョウザ … 10 個
しめじ（小房に分ける）… １袋
にんじん（薄切り）… 1/2 本
青梗菜（斜めざく切り）… １株
水 … ４カップ
鶏ガラスープの素 … 小さじ１
塩 … 小さじ 1/3
〈タレ〉
｜ポン酢しょうゆ、ごま油、豆板醤《トウバンジャン》 … 各適量

作り方

*1*_ 鍋に水、鶏ガラスープの素、塩を入れて煮立て、しめじ、にんじんを加えて煮る。

*2*_ 1の野菜に火が通ったら、ギョウザ、青梗菜を加えてさらに煮る。

*3*_ スープごと器にとり分け、〈タレ〉を好みで加えて食べる。

◎途中からスープに春雨やくずきりを加えると、ボリュームが出て〆いらず。

あさりとじゃがいもの
ポルトガル風鍋

【話が弾む変わり鍋】

〝ダブルだし〟がポルトガル風。あさりと豚肉のおいしいだしを生かした、あっさり味のトマト鍋。

材料／2人分

豚ロース薄切り肉（5cm 幅に切る）… 200g

トマト（3cm の角切り）… 大1個

じゃがいも（一口大に切る）… 小2個

砂抜きしたあさり（水洗いしてザルにあげる）
　… 200g

オリーブ油 … 大さじ1

水 … 4カップ

白ワイン（または酒）… 大さじ2

にんにく（すりおろし）… 小さじ1

塩、黒こしょう … 各適量

作り方

1 _ 鍋にオリーブ油を熱して豚肉を炒め、トマト、じゃがいもを加えて炒め合わせる。

2 _ 1に水、白ワインを加え、ひと煮立ちさせたら弱火にする。じゃがいもがやわらかく煮えたらあさりを加える。

3 _ あさりの口が開いたらにんにくを加え、塩、黒こしょうで味をととのえて、スープごと器にとり分けて食べる。

◎ショートパスタを少しかためにゆでておき、残ったスープで煮ながら〆に。

白菜とベーコンの蒸し煮鍋

【話が弾む変わり鍋】

ぎゅうぎゅうと立てた野菜のすきまにベーコンを詰めて煮る、シンプルな蒸し鍋。

材料／２人分

白菜（鍋の高さに合わせて切る）… 1/4 個
長ねぎ（鍋の高さに合わせて切る）… １～２本
ベーコン（2～3 等分に切る）… 100g
水 … 1/4 カップ
〈 調味料 〉
　固形コンソメ（刻む）… １個
　酒 … 大さじ１
　塩 … 小さじ 1/4
　オリーブ油 … 大さじ１
柚子こしょう … 適宜

作り方

*1*_ 鍋に白菜を立てて並べ入れ、白菜の間に長ねぎとベーコンを詰める。白菜は芯を中央に、葉を外側に並べるときれいに仕上がる。

*2*_ 1に水、〈調味料〉を混ぜ合わせて加え、フタをして弱火で10分ほど蒸し煮にする。

*3*_ できあがったら全体をざっくり混ぜ、スープごと器にとり分け、好みで柚子こしょうと食べる。

◎材料は、直径18cm程度の深鍋でちょうどよい分量。
◎〆は残ったスープに冷やごはんを加え、ちょっと洋風な雑炊仕立てに。

終電ごはんがラクになる！便利グッズカタログ

市販の便利グッズや食材を使えば、
毎日の終電ごはんの負担をぐっと減らせるもの。
知っておきたいお役立ちアイテムをご紹介。

とろみちゃん
株式会社美田実郎商店

片栗粉を顆粒状に加工。水溶きせずにとろみがつけられる優れもの。
315円

基本のトマトソース
カゴメ

軽く味付け済みなので、野菜や肉を煮込むだけで、すぐに一品完成。
希望小売価格189円

チーズフォンデュ
明治

1人サイズのチーズフォンデュ。パンや温野菜と一緒に食べれば栄養バランスも◎。
参考小売価格136円

カット野菜

サラダ用や蒸し野菜、鍋用野菜など種類も豊富。皮むき不要ですぐに調理できるのも魅力。

水切り木綿豆腐

市販の水切り木綿豆腐なら、容器から出して肉や野菜と炒めるだけですぐにメインが完成。

キッチンばさみ

包丁の代わりに使うとまな板いらず。野菜や肉、魚介類など、さまざまな食材を切ることができる。

チンしてこんがり 魚焼きパック

小林製薬

レンジでふっくらおいしい焼き魚が簡単に！　魚焼きグリルを洗う苦労もなし。
希望小売価格315円

キチントさん レンジクッキング だし巻きたまご

クレハ

レンジでだし巻きたまごが作れる容器。あと1品が欲しい時や、お弁当にも。
希望小売価格368円

キチントさん レンジクッキング スパゲッティ

クレハ

レンジでスパゲッティをおいしくゆでることができる容器。パスタ鍋いらず。
希望小売価格578円

クックパー® フライパン用ホイル

旭化成ホームプロダクツ

片面シリコーン樹脂加工で油を通さず、フライパンに敷いて調理すると後かたづけが簡単。

希望小売価格231円

シリコンスチーマー

蒸し料理のほかに、パスタやカレーなどさまざまな料理を電子レンジで簡単調理。1つあると重宝するはず。

工房正島の片手土鍋

364

うどんや雑炊など、作ってそのままテーブルへ。これなら空しくない！
中サイズ／3780円

ホーロー製保存容器

冷蔵庫から出してフタを開け、そのまま直火にかけられるので、スープなど、汁ものの保存に最適。

ルック キッチン用 アルコール除菌スプレー

ライオン

深夜にまな板を熱湯消毒するのは正直面倒…。シュッとひと吹きでしっかり除菌。オープン価格

【 問い合わせ先 】

- 旭化成ホームプロダクツ株式会社 お客様相談室 03-3296-0352
- カゴメお客様相談センター 0120-401-831
- クレハ リビング営業統括部 03-3249-4657
- 小林製薬 お客様相談室 06-6203-3673
- 364 03-5856-8065
- 株式会社美田実郎商店 0120-17-1063
- 明治 お客様相談センター 0120-370-369
- ライオン お客様センター 0120-556-973

終電ごはんを乗り越えるコワザ 56

手早く作りたい終電ごはんだから、調理は少しでもラクにしたいもの。
手抜きできる部分は大いに手抜きして、便利な食材はフル活用。
できそうなことから今すぐ始めて、毎日の終電ごはんを乗り切ろう!

手間を減らすコワザ

1. にんにくはみじん切りやすりおろしの瓶詰を常備。

2. チューブ入り香辛料を使う。おなじみのおろしわさびやしょうが、からし以外にも、マスタードや柚子こしょうなどもあり。瓶よりも気軽に使える。

3. あさりやしじみは砂抜き済みのものを買う。

4. こんにゃくはアク抜き済みのものを買う。

5. 万能ねぎやミニトマトは、買ったら一度に水洗いして水気をふき、ポリ袋か保存容器で冷蔵保存。いちいち洗わずに使える。

6. 豆腐を常備。「充てん豆腐」なら賞味期限約1ヶ月。

7. 鶏もも肉は、唐揚げ用だと切る手間がなくいろんな料理に使える。

8. 豆苗やブロッコリー・スプラウトなど、安くて栄養価の高いスプラウトを、キッチンバサミで切って何にでもトッピング。残った根元の豆を水に浸しておくと、数回収穫して楽しめる。

9. ちくわを料理に使うといいだしと旨みが出るので、常備しておくと便利。みそ汁に入れるとコクが出てだしいらず。

10. じゃがいもは洗ってラップで包んでレンジでチン。ゆで時間が大幅に短縮。

11. ゆで卵を冷蔵庫に常備。炭水化物を摂りたくないとき、シリコンスチーマーでチンした蒸し野菜にゆで卵、スープがあれば満足度が高い。

12. みそ、顆粒だし、乾燥わかめを練ってラップで丸めたみそ玉を冷蔵庫に常備。お湯を注ぐだけで自家製インスタントみそ汁が完成。

⑬ トマトではなく、切らずに済むミニトマトを買う。

⑭ もずく酢やめかぶなど、「開けてすぐ食べられるもの」を常備しておくと、質素な終電ごはんでも満足度が上がる。

⑮ 食材の宅配を利用する。「スーパーで食材を買って帰る」という発想を捨て、生協や「Oisix」「らでぃっしゅぼーや」などの宅配を活用し、家に何かしら食材がある状態にしておく。

⑯ ブロッコリーとカリフラワーは、一度にまとめてゆでるか、シリコンスチーマーで蒸して冷蔵保存。そのままスープに入れたり、肉料理に添えるなど、すぐに使える。

⑰ 市販のカット野菜を活用。切る手間も省けて、カレー用や野菜炒め用、きのこMIXなど種類も豊富。

⑱ みそ汁は汁だけ作っておき、食べる直前に水菜や葉野菜を加える。作り置きに比べて、食感や色を損なわない。

⑲ 具だくさんのみそ汁に卵を1個落とし入れ、半熟状態で食べる。納豆ごはんとみそ汁だけでも満足感があり、栄養バランスも◎。

⑳ みそ汁や鍋焼きうどん、スープの具に揚げなすを入れると驚くほどコクがアップ。冷凍の揚げなすも市販されているので、スーパーで見かけたら即ゲット。

㉑ バターは、切れているバターかチューブ状のものを使う。

㉒ 粉末状のカレールーは、カレーうどんや炒めものの味つけにも使えて便利。

㉓ みそ汁を作る際、ボトルに入った液状タイプのみそだと、溶く手間いらず。

㉔ 鮭フレークがあれば、お茶漬けやおにぎりの具にすぐ使える。

㉕ 唐辛子は輪切りを買う。切らずにそのまま使えて便利。

㉖ 市販の「鍋の素」を活用。寄せ鍋や豆乳鍋、キムチ鍋、トマト鍋など種類も豊富。

㉗ パスタやマカロニは早ゆでタイプを使う。

㉘ 大根の薄切りやキャベツの千切りには、ピーラーを使う。

㉙ 春雨は、1食分に固めたブロックタイプを使うと計量いらず。

冷凍食材&冷凍のコワザ

30 ごはんはまとめて炊いて1食分ずつ冷凍。

31 おにぎりを冷凍庫に常備。夜中のおにぎりはほっとする。

32 パンを冷凍しておく。

33 納豆を冷凍しておく。自然解凍か、電子レンジで少しチンするだけですぐ使える。

34 万能ねぎやわけぎは、一度にまとめて刻んで冷凍する。みそ汁や冷ややっこ、うどんなどにすぐトッピングできて便利。

35 市販の冷凍ギョウザを常備。焼いて食べるのはもちろん、スープや鍋の具にもなり、ボリューム的にも満足。

36 冷凍の肉・魚を常備。冷凍技術の進歩は著しく、肉や魚も十分おいしい。

37 市販の冷凍野菜を活用。ほうれんそう、ブロッコリー、いんげん、かぼちゃなど。カット済みで手早く使えて便利。

洗い物を減らすコワザ

38 一皿に盛り付ける。

39 まな板を使わず空中切り(トマトなどを手に持ち、器に直接切り落とす)。

40 葉物野菜、白菜、キャベツは手でちぎる。

41 パスタは半分に折ってゆでると、パスタ鍋いらず。

42 まな板の上に敷く、プラスチック製のまな板シートを使う。

おいしく食べるコワザ

43 しょうゆの代わりにナンプラーを使うと、ごく少量でコクがアップ。いつもの味に変化が出て新鮮。

44 乾燥スパイス&ハーブを使う。クミンやオレガノ、ローズマリーなど、1つでもスパイスやハーブがあるとメニューのバリエーションが広がる。

45 レモンを使う。料理にレモンをしぼると味に変化がつき、塩分も抑えられてさっぱり食べられる。市販のレモン汁でもOK。

46 ウスターソースは野菜のエキスが入っているので、料理にコクが出る。

47 塩麹に肉を漬け込んでおく。安い肉でもやわらかく、おいしくなるうえに、冷蔵庫で2週間程度保存可能。しっかり味がしみ込むので、焼くだけで1品完成。「お肉の賞味期限今日までだから早く帰らなきゃ!」という精神的な圧迫感からも逃れられる。

48 野菜を干す。朝干して夜取り込むだけ。火の通りも早くなり、味も凝縮しておいしくなる。

49 もろみみそ、おかずみそを常備。そのまま蒸し野菜に添えたり、ごはんのおともにも。

覚えておくと便利な手量《ばか》り

50 大さじ1(15mℓ)≒直径5cm程度のカレースプーン1杯。

51 小さじ1(5mℓ)≒ティースプーン1杯強。または、ペットボトルのフタ1杯。

52 1/2カップ(100mℓ)≒大きめのおたま1杯。

53 ひとつまみ(塩など)≒親指、人差し指、中指の3本でつまんだ量。

54 少々(塩など)≒親指と人差し指の2本でつまんだ量。

55 バター10g≒大さじ1弱。

56 薄切り肉100g≒片手のひらいっぱいに広げた分量。

おわりに

　ここで言うのもなんですが、京都在住自営業の私は、ふだん終電に乗るような生活を送っていません。それでも、『終電ごはん』というタイトルにグッと心奪われたのは、深夜のごはんってドラマがあっていいなぁと思ったから。空腹なんだけど、炭水化物よりは野菜。ササッと終える食事だけど、小さな幸せは感じたい。疲れていたり気分が高揚していたり、1人だったり誰かを待っていたり、そうやって作ったり食べたりするものには、人それぞれの生活感が、そしてドラマがあるような気がするのです。

不思議なことに、この本のレシピを作っている間は、自分の晩ごはんの時間も遅くなっていることに気がつきました。まったく東京の勤め人たちはなんて難儀なんやろうと思いながら、ああでもこういう人たちにこそおいしい自炊が必要やな、とも思いながら。

そうやって生まれたレシピの数々には、驚くべき発見や感動が今でもあります。おかげで近所の 24 時間営業スーパーの食材に詳しくなったこと、豆腐や冷凍うどんを常備するようになったことを、最後に付け加えておきたいと思います。

高谷　亜由